CB142780

Cozinha Vegetariana

MILHO

CAROLINE BERGEROT
(SEFIRA)

COZINHA VEGETARIANA

MILHO

Editora Cultrix
São Paulo

Copyright © 2004 Caroline Bergerot.

Foto da capa:

Paulo Gustavo Bergerot

Para contatos com a autora: Caixa Postal 22902 CEP: 74916-970 GO

O primeiro número à esquerda indica a edição, ou reedição, desta obra.
A primeira dezena à direita indica o ano em que esta edição, ou reedição, foi publicada.

Edição	Ano
1-2-3-4-5-6-7-8-9-10	04-05-06-07-08-09-10

Direitos reservados
EDITORA PENSAMENTO-CULTRIX LTDA.
Rua Dr. Mário Vicente, 368 — 04270-000 — São Paulo, SP
Fone: 6166-9000 — Fax: 6166-9008
E-mail: pensamento@cultrix.com.br
http://www.pensamento-cultrix.com.br

Impressão e Acabamento
Cometa Grafica e Editora
Tel- 11-2062 8999
www.cometagrafica.com.br

CONVERSA INICIAL

O milho, originário da América, foi levado para a Europa por navegadores europeus, e de lá espalhou-se e adaptou-se por todo o mundo.

Dentre as inúmeras espécies de milho existentes, estaremos utilizando os tipos doce, minimilho, o milho *in natura*, o milho de pipoca, a canjica e a canjiquinha.

A cozinha brasileira pode ser classificada como uma das mais criativas quanto à diversidade de utilização do milho.

O curau e a pamonha, por exemplo, são pratos que nasceram em nossas cidades de interior e fazendas, onde as experientes e exímias cozinheiras transformaram sua preparação quase que num ritual!

Atualmente estes e outros tipos de quitutes já são consumidos com mais freqüência nas grandes cidades.

Podemos consumir o milho sob várias formas. Quem não gosta de uma deliciosa pipoca, à tarde, com café... ou uma saborosa canjica pela manhã... ou mesmo uma espiga de milho cozida ou assada na brasa, que nos transporta a suaves e saudosas recordações da infância?

O milho presta-se ainda para preparar pratos salgados na forma de ensopados, bolinhos fritos e assados, broas, pães, tortas, pizzas etc.

Com sua farinha podemos preparar o tradicional e famoso prato brasileiro: o angu, que depois que foi levado para a Itália voltou com o nome de polenta!

O angu, ou polenta (não importa o nome), compõe pratos deliciosos quando combinado com outros ingredientes.

Além de excelente nutricionalmente, o milho pode fazer parte de qualquer refeição, agradando a todos da família por seu agradável e delicado sabor.

Assim, numa culinária convencional, ou na vegetariana, o milho nunca deve faltar, por sua versatilidade e aceitabilidade!

Portanto, agora é a hora de trazer o milho para casa, arregaçar as mangas e misturar a ele tudo que temos de bom.

Nunca se esqueça da influência vibracional que podemos passar aos alimentos. Nossa energia é transmitida, principalmente quando há contato manual direto. Aproveite então para transformar seus pratos em veículos mágicos de alegria, bom humor e paz.

Quem não precisa disso?

Bom trabalho!

DICAS

Existem, na culinária, uma série de detalhes que quando observados podem facilitar e tornar o trabalho suave e agradável.

Hábitos, gostos e estilos à parte, pode ser que uma das dicas ainda seja útil aos experientes e, quem sabe, um socorro para os marinheiros de primeira viagem.

Se o seu caso for o segundo, não desista, vale a pena!

· Os refogados que sobram podem se transformar em assados: coloque-o numa vasilha, adicione farinha de trigo e fermento. Espalhe num pirex, cubra com rodelas de tomate e azeitonas e asse até dourar;

· Bolinhos que sobram podem ser espalhados numa travessa refratária, cobertos com molho e levados ao forno;

· Bolos e assados ficam melhores quando peneiramos a farinha antes de usar;

· Verifique a validade dos fermentos, pois eles interferem na qualidade dos pratos;

· Verifique a qualidade das farinhas. Às vezes uma farinha de preço mais alto pode ser de melhor qualidade e obtemos um resultado muito melhor nos pratos;

· Sempre que for utilizar o caldo do milho, fica sempre mais saboroso ralar a espiga, porém pode-se também utilizar o método de bater no liquidificador;

· Aproveite sempre o bagaço do milho para bolinhos, croquetes e farofa;

· Os milhos mais amarelos contêm mais amido, tornando curaus e cremes mais consistentes e saborosos;

· Quanto menos temperos usamos nos pratos, mais poderemos sentir o sabor do milho e mais sutil fica sua vibração. Experimente ir diminuindo e descobrirá novos sabores!;

· Sempre que possível, compre o milho fresco, ainda na espiga, facilmente encontrado em feiras e mercados.

ÍNDICE
DAS RECEITAS

Pratos Salgados

Pratos Salgados

BATATA RECHEADA COM MILHO E SALSICHA VEGETAL

- 3 batatas grandes inteiras e com a casca
- 2 copos de milho verde recém-tirado das espigas
- 1 copo de salsicha vegetal picadinha
- 1 copo de tomate pelado e sem sementes, bem picadinho
- 1 copo de *tofu* firme
- 1/2 cebola roxa picadinha
- 1/2 copo de leite de soja
- 1/2 copo de temperos verdes picados
- 4 colheres de sopa de azeite de oliva
- 1 colher de chá de *zattar*
- 1 colher de chá de orégano seco
- 1/2 colher de sobremesa de sal
- pimenta-do-reino moída na hora

Lave bem e fure as batatas com um garfo, levando-as ao forno, num pirex, por 50 minutos, ou até estarem macias.

Corte uma fatia pequena da lateral de cada batata e com uma colher retire o máximo possível de polpa da batata e reserve-a.

Aqueça o azeite, frite a cebola até ficar macia. Adicione o milho, misture bem, tampe a panela e deixe por 10 minutos. Adicione a salsicha vegetal picadinha e deixe por mais 5 minutos com a panela tampada.

Bata o *tofu* no liquidificador com o leite de soja, os temperos verdes, o *zattar*, o orégano e o sal, e vire o creme obtido na panela. Acrescente também a polpa retirada da batata e o tomate picadinho. Mantenha o fogo alto, com a panela destampada, e mexa por 10 minutos.

Recheie cada batata, espalhe um pouco de pimenta-do-reino sobre elas e aqueça-as em forno com temperatura alta, por 15 minutos. Sirva em seguida.

BOLINHO DE MILHO E TOFU

- 1 copo de grãos de milho verdes crus
- 2 copos de *tofu* amassado com garfo
- 3 colheres de sopa de cebolinha verde picadinha
- 1 colher de chá de sal
- 3 colheres de sopa de farinha de trigo branca
- 1 colher de chá de fermento biológico
- 1 colher de chá de alcaparras picadas
- óleo para fritar os bolinhos

Misture todos os ingredientes numa vasilha, deixando para o fim o fermento.

Coloque o óleo numa frigideira larga e leve-a ao fogo alto.

Forme bolinhos com as mãos, passe-os pela farinha de rosca e em seguida mergulhe-os no óleo quente. Vire com escumadeira para que dourem dos dois lados e retire-os em seguida. Coloque-os numa travessa forrada com papel absorvente.

Sirva os bolinhos ainda quentes, em lanches ou refeições.

BOLINHO FRITO DE MILHO VERDE

- 2 espigas de milho verde raladas
- 2 colheres de sopa de cebolinha verde picadinha
- 1 colher de chá de sal
- 1/2 copo de *tofu* amassado
- 3 colheres de sopa de farinha de trigo branca
- 1 colher de chá de fermento químico
- óleo para fritar

Misture numa tigela o milho ralado com a cebolinha verde, o sal e o *tofu*. Adicione então a farinha de trigo e o fermento, mexendo bem com uma colher até a massa estar homogênea.

Aqueça o óleo numa frigideira larga e frite às colheradas. Vire os bolinhos com escumadeira para que dourem dos dois lados.

Ao retirar os bolinhos do óleo, coloque-os em seguida numa travessa forrada com papel absorvente e sirva-os ainda quentes.

CALDEIRADA DE MILHO COM SHIITAKE

- 2 xícaras de batata cortada em cubos
- 1 xícara cheia de grãos de milho retirados das espigas
- 1 xícara de cenoura cortada em rodelas
- 1/2 xícara de *shiitake* cortado em quadrados
- 1 cebola picada em pedaços grandes
- 1 xícara de tomate maduro, descascado, sem sementes e cortado em quadrados
- 1/2 xícara de molho de tomate
- 1 colher de sobremesa de caldo de vegetais
- 1/2 colher de sopa de manjericão
- 2 colheres de sopa de salsa fresca picada
- 1 colher de chá de pimenta-do-reino moída na hora
- 4 colheres de sopa de azeite de oliva
- 1/2 colher de sobremesa de sal
- água para o cozimento, se necessário

Numa frigideira tipo *wok*, aqueça o azeite e doure a cebola. Em seguida, adicione as batatas e o cogumelo e frite por 5 minutos, mexendo sempre com colher de pau.

Tampe a panela e mantenha em fogo baixo por 10 minutos, ou até estar tudo macio.

Bata metade do milho com um pouco de água até estar cremoso. Adicione à frigideira, assim como a outra metade do milho em grãos inteiros e os demais ingredientes, exceto a salsa. Cozinhe por 20 minutos.

Retire a panela do fogo, espalhe salsa crua e sirva a caldeirada acompanhada por arroz.

CALDO DE FUBÁ

- 1/2 copo de fubá
- 1/2 copo de tomate sem pele e sem sementes, picadinho
- 1/2 copo de coentro fresco picado
- 1 copo de batata picadinha
- 1 copo de abóbora picadinha
- 2 cebolas picadinhas
- 1 colher de sobremesa de caldo de vegetais em pó
- 1/2 colher de sobremesa de sal
- 1/2 copo de macarrão de *grano duro* em formato pequeno
- 1 litro de água quente
- 2 colheres de sopa de azeite de oliva
- 2 colheres de sopa de *shoyo*

Coloque o fubá numa panela e deixe-a em fogo baixo por 15 minutos, sempre mexendo com colher de pau. Assim que estiver dourado, retire a panela do fogo e reserve.

Em outra panela, coloque o azeite, refogue a cebola até estar macia e adicione o coentro e o tomate, fritando por mais 10 minutos.

Adicione a batata e a abóbora e mexa por mais 5 minutos, misturando em seguida o fubá torrado.

Dilua o caldo de vegetais em pó na água e junte à panela e em seguida o *shoyo* e o sal.

Acrescente o macarrão e mantenha a panela semitampada em fogo baixo por 35 minutos, mexendo a cada 5 minutos.

Retire a panela do fogo, transfira o caldo para uma sopeira ou pratos individuais, servindo-o em seguida, quente.

CANELONE DE MILHO

- 1 pacote de massa para canelone de *grano-duro*

Recheio

- 3 copos de grãos de milho verde cozidos
- 250 g de *tofu* amassado com garfo
- 1 cebola roxa ralada
- 1/2 copo de salsa fresca picada
- 1/2 copo de castanha-do-pará triturada no liquidificador bem seco

Molho Branco

- 3 copos de leite de soja quente
- 250 g de *tofu*
- 2 colheres de sopa de farinha de trigo branca
- 1 colher de sobremesa de sal
- 1 colher de sobremesa de caldo de vegetais em pó
- 3 colheres de sopa de margarina

Molho Vermelho

- 4 copos de tomate sem pele, sem sementes e picado
- 4 dentes de alho
- 2 colheres de sopa de óleo
- 1 copo de temperos verdes picados
- 1 copo de água

Cozinhe a massa de canelone seguindo as instruções da embalagem. Escorra e reserve.

Misture numa tigela os ingredientes do recheio, mexa bem, recheie cada canelone e reserve-os.

Para o molho branco, derreta a margarina e em seguida coloque a farinha de trigo. Doure, sempre mexendo com colher de pau. Assim que estiver levemente loira, adicione o leite quente e mexa. Bata no liquidificador, juntamente com o *tofu*, e volte à panela. Adicione os demais ingredientes. Mantenha o fogo baixo e deixe ferver por 25 minutos. Retire a panela do fogo e reserve.

Para o molho vermelho, leve uma panela larga ao fogo alto, aqueça o óleo e doure o alho. Em seguida coloque os temperos verdes. Refogue por mais 5 minutos, adicione o tomate picado e a água. Mantenha em fogo alto, com a panela semitampada, por 25 minutos. Retire a panela do fogo e reserve.

Numa travessa refratária, coloque o molho branco, sobre ele os canelones e regue com o molho vermelho. Cubra e leve ao forno quente por 20 minutos.

CANJIQUINHA

- 1 copo de canjiquinha deixada de molho por 12 horas e escorrida
- 1 copo de cogumelos frescos cortados em pedaços grandes
- 1 cebola cortada em rodelas bem finas
- 1/2 copo de cheiro-verde picado
- 1 pimentão vermelho picadinho
- 3 colheres de sopa de aneto fresco picado
- 1 copo de tomate pelado e sem sementes, picado
- 2 e 1/2 copos de água fervente
- 3 colheres de sopa de azeite de oliva

Aqueça o azeite de oliva e frite as rodelas de cebola até estarem macias.

Adicione o cheiro-verde, o pimentão e o aneto. Frite por 5 minutos em fogo alto.

Coloque os cogumelos e o tomate, tampe a panela e deixe em fogo baixo por 15 minutos.

Coloque então a canjiquinha e mexa bem por 5 minutos, em fogo alto. Coloque a água fervente e mantenha a panela semitampada, em fogo médio, até secar a água.

Retire a panela do fogo e sirva a canjiquinha numa travessa elegante.

CREPE DE MILHO

Massa
- 1 copo de farinha de trigo branca
- 1 colher de sopa de farinha de glúten
- 1 colher de chá de sal
- 1 copo de leite de soja
- 4 colheres de sopa de óleo de milho
- 1 colher de sobremesa rasa de fermento químico em pó

Recheio
- 3 copos de grãos de milho verde
- 4 colheres de sopa de cebolinha verde
- 4 colheres de sopa de coentro fresco picado
- 1 colher de chá de caldo de vegetais em pó
- 1 colher de sopa cheia de farinha de trigo
- 1/4 de copo de leite de soja quente
- 3 colheres de sopa de margarina
- 1/2 colher de sobremesa de sal

Bata no liquidificador todos os ingredientes da massa, deixando para o fim o fermento.

Aqueça uma frigideira de *teflon* e coloque uma concha de massa, movimentando a frigideira, espalhando assim a massa para que fique uma camada bem fina.

Vire com uma espátula para dourar dos dois lados. Repita o processo até o término da massa.

Ao retirar os crepes da frigideira, empilhe-os um sobre o outro, para que com o calor eles fiquem bem macios.

Separadamente, derreta a margarina numa panela larga e refogue a cebolinha verde e o coentro. Adicione o milho e o sal e refogue por 5 minutos em fogo alto. Adicione a farinha de trigo e mexa em fogo alto por mais 5 minutos. Adicione o leite quente e o caldo de vegetais e mexa continuamente. Bata uma concha desse refogado no liquidificador e devolva à panela que está no fogo. Mexa em fogo baixo por 20 minutos e retire a panela do fogo.

Recheie cada crepe, dobrando-os ao meio.

Sirva-os bem quentes com meia colher de margarina sobre cada um.

ENSOPADO COM ALCACHOFRA

- 2 copos de minimilho em conserva (se preferir use o fresco)
- 4 a 6 corações de alcachofra
- 2 copos de cogumelo portobello, fresco, cortado em tiras
- 4 colheres de sopa de azeite de oliva
- 1/2 copo de coentro fresco picado
- 4 dentes de alho picadinho ou espremido
- 2 cebolas grandes cortadas em rodelas
- 1 colher de sobremesa de caldo de vegetais em pó
- 1 colher de sobremesa de sal
- 2 colheres de sopa de *shoyo*
- 2 copos de tomates descascados, cozidos e amassados
- 2 copos de água fervente
- 1 colher de chá de páprica doce em pó
- pimenta-do-reino moída na hora a gosto

Aqueça o azeite de oliva numa panela de barro e frite o alho até dourar. Adicione a cebola e deixe em fogo alto até que esteja macia.

Adicione, sem parar de mexer com colher de pau, o minimilho, escorrido e cortado ao meio e o cogumelo.

Tampe a panela por 5 minutos.

Coloque então os corações de alcachofra, o coentro, o caldo de vegetais, o sal, o *shoyo*, o tomate, a água e a páprica doce em pó. Mexa delicadamente.

Mantenha em fogo brando, com a panela semitampada, por 35 minutos.

Retire do fogo e sirva em seguida, na própria panela de barro, com pimenta-do-reino moída na hora a gosto.

Pode-se colocar cubinhos de pão fresco regados com azeite e temperados com sal para acompanhar.

ESFIHA DE MILHO

Massa

- 4 copos de farinha de trigo branca
- 1 colher de sobremesa de fermento biológico
- 2 colheres de sopa de água em temperatura ambiente
- 1/2 colher de sobremesa de sal
- 2 colheres de sopa de óleo
- 3 colheres de chá de xarope de romã
- 1 e 1/2 copo de água morna (ou leite de soja)

Recheio

- 4 copos de grãos de milho
- 1 copo de *tofu* amassado com garfo
- 5 dentes de alho
- 1 cebola roxa picadinha
- 4 colheres de sopa de salsa fresca picada
- 1 colher de sobremesa de *zattar*
- 3 colheres de sopa de azeite de oliva
- 1 colher de sobremesa rasa de sal
- molho de pimenta a gosto
- limão a gosto

Para o recheio, aqueça o azeite de oliva, doure o alho e a cebola, adicione o milho, a salsa, o *zattar* e o sal. Mexa e deixe a panela tampada em fogo baixo por 15 minutos e depois em fogo alto por 5 minutos. Junte o *tofu*, retire a panela do fogo e vire tudo numa vasilha. Deixe reservado.

Separadamente, misture numa tigela o fermento com 1 colher de sobremesa de farinha de trigo e 2 colheres de sopa de água. Mexa bem e deixe em repouso por 10 minutos.

Adicione então os demais ingredientes da massa, misture bem e vire numa superfície lisa e enfarinhada. Trabalhe com as mãos até obter uma massa lisa e macia. Corte-a em duas partes.

Abra uma parte com um rolo de madeira deixando o mais fina possível. Usando a boca de um pote plástico quadrado, corte a massa. Coloque duas colheres de sopa de recheio dentro de cada quadrado e dobre-o, unindo as duas pontas, dando assim um formato triangular. Feche toda a lateral apertando a massa com os dedos.

Proceda assim até o término da massa.

Arrume as esfihas numa assadeira untada e asse-as em forno preaquecido a 180°C, por 40 minutos.

Retire as esfihas do forno quando estiverem douradas e sirva-as quentes ou frias, deixando disponível o limão e o molho de pimenta.

MEXIDO DE MILHO

- 450 g de *tofu*
- 2 copos de grãos de milho verde cozidos
- 4 colheres de sopa de cebolinha verde picada
- 5 azeitonas chilenas picadas
- 1 colher de chá de pimenta-do-reino moída na hora
- 1 colher de sopa rasa de margarina
- 1 colher de chá de sal
- 1 pitada de *curry*

Numa frigideira grande, derreta a margarina, frite a cebolinha por 5 minutos e acrescente o milho, a azeitona, o sal e o *curry*.

Mantenha o fogo alto, sempre mexendo com colher de pau, durante 10 minutos.

Amasse o *tofu* com um garfo e junte à frigideira. Mantenha o fogo baixo por 15 minutos, e mexa de vez em quando.

Retire a frigideira do fogo quando o mexido estiver dourado e sirva com pão fresco, ou com saladas e em refeições.

MILHO COZIDO SABOROSO

- 4 espigas de milho
- 1 colher de sobremesa de sal
- 3 colheres de margarina ou azeite de oliva
- 1 colher de chá de orégano desidratado
- 1 colher de café de alho desidratado
- 1 colher de sopa de salsa fresca picada bem miúda
- 1/2 colher de café de pimenta-do-reino moída na hora

Coloque as espigas de milho, descascadas e lavadas, numa panela de pressão, cubra-as com água, adicione sal e leve ao fogo para cozinhar.

Deixe por aproximadamente 45 minutos e então retire.

Escorra bem a água, disponha as espigas numa travessa e reserve.

Derreta a margarina (ou aqueça o azeite de oliva), e frite os temperos por 5 minutos.

Regue as espigas com o molho de temperos e sirva-as em seguida.

PÃEZINHOS DE MILHO VERDE TEMPERADOS

- 1/2 kg de farinha de trigo branca
- 1 colher de sobremesa de fermento biológico
- 1/2 colher de sobremesa de sal
- 5 colheres de sopa de óleo
- 1 copo de leite ou de água morna
- 2 copos de milho verde
- 1/2 copo de coentro fresco picado
- 1 cebola ralada
- 1 colher de sobremesa de alho desidratado
- 3 colheres de sopa de água em temperatura ambiente
- 1 colher de sobremesa de *zattar*
- azeitonas sem caroço

Numa tigela, misture o fermento biológico, 1 colher de sobremesa de farinha de trigo e as três colheres de água, até ficar uma mistura homogênea.

Mantenha o fermento em local protegido de correntes de frio, por 30 minutos.

Adicione ao fermento todos os demais ingredientes.

Misture bem com colher de pau e em seguida vire a massa numa superfície lisa e enfarinhada. Trabalhe a massa com as mãos até torná-la lisa e macia.

Com porções iguais de massa, forme pãezinhos pequenos, colocando uma azeitona sem caroço dentro de cada um.

Arrume-os numa travessa ou fôrma refratária, untada, deixando espaço entre eles, para crescerem.

Deixe a fôrma coberta com um pano grande, em local protegido, por mais 40 minutos.

Enquanto a massa cresce, preaqueça o forno a 180°C.

Leve os pães ao forno, e asse-os por 45 minutos, ou até estarem com a superfície dourada.

PAMONHA SALGADA

- 10 espigas de milho verde bem maduras
- 4 colheres de sopa de óleo
- 1/2 colher de sobremesa de sal
- 1 colher de café de pimenta malagueta amassada
- 1 dente de alho espremido
- 1 cebola picada
- 1/2 copo de salsa fresca picadinha
- 1 colher de chá de *zattar*
- 6 azeitonas sem caroço

Retire com uma faca os grãos das espigas de milho e em seguida passe-os por uma máquina de moer.

Coe e tempere a massa de milho.

Amasse, dando forma às pamonhas, com as palmas das mãos e embrulhe cada uma na própria palha do milho, costurando ou amarrando com um barbante.

Encha uma panela grande com água e leve ao fogo alto. Quando iniciar a fervura, adicione as pamonhas e cozinhe-as por 30 minutos aproximadamente. Retire do fogo e sirva-as quentes, ainda embrulhadas.

PANQUECA DE MILHO E COGUMELO

- 1 copo de milho verde ralado
- 1 copo de cogumelo fresco picadinho
- 1/2 copo de cebolinha verde picada
- 4 colheres de sopa de manjericão roxo, fresco, picado
- 1/2 colher de sobremesa de sal
- 1 colher de sopa de nozes picadas
- 4 colheres de sopa de farinha de trigo branca
- 1 colher de fubá
- 1/4 de copo de água ou leite de soja
- 1 colher de sobremesa de fermento químico em pó
- 3 colheres de sopa de azeite de oliva

Misture o milho com o cogumelo numa vasilha e adicione a cebolinha, o manjericão, o sal e as nozes.

Bata no liquidificador a farinha de trigo, o fubá, a água (ou leite de soja), o óleo e o fermento. Junte à vasilha com o milho e misture bem para que fique uma massa homogênea.

Aqueça, em fogo alto, uma frigideira de *teflon* pequena e coloque uma concha de massa, movimentando a frigideira para que a massa se espalhe.

Mantenha o fogo baixo, e quando dourar a parte de baixo, vire com o auxílio de uma espátula, deixando dourar do outro lado também. Antes de colocar nova massa, aumente o fogo para reaquecer a frigideira.

Ao adicionar a nova concha de massa, reduza o fogo.

Esta panqueca não é como o crepe, pois fica mais consistente e com maior volume, não tendo a necessidade de ser recheada.

Pode ser servida com molho, como de mostarda ou *catchup* a gosto.

PANQUEQUINHA DE PALMITO E MILHO

- 1 copo de milho verde recém-tirado da espiga
- 1 copo de palmito picado
- 1 copo de *tofu* amassado
- 5 colheres de sopa de farinha de trigo
- 1 colher de sobremesa de fermento químico em pó
- 1 colher de chá de sal
- 4 colheres de sopa de cebolinha verde picada
- 1 colher de sopa de coentro fresco picado
- 1 colher de chá de orégano
- 3 colheres de sopa de castanha-do-pará picada
- 2 colheres de sopa de azeite de oliva

Amasse o *tofu*, coloque-o numa vasilha e misture o milho e o palmito.

Adicione todos os demais ingredientes, exceto o fermento, e misture bem. Assim que estiver uma massa homogênea, adicione o fermento em pó e mexa delicadamente.

Aqueça uma frigideira de *teflon* e coloque 1 concha rasa de massa. Diminua o fogo e deixe por 10 minutos. Vire a panqueca com uma espátula para dourar do outro lado.

Proceda da mesma forma até o término da massa.

PÃO COM FUBÁ

- 2 copos de farinha de trigo branca
- 2 copos de fubá mimoso
- 1 colher de sobremesa de fermento biológico
- 1 e 1/2 colher de sobremesa de sal
- 5 colheres de sopa de óleo
- 1 copo de leite de soja morno
- 4 colheres de sopa de água em temperatura ambiente

Numa tigela, misture o fermento biológico, 1 colher de sobremesa de farinha de trigo e a água, até ficar uma mistura homogênea. Reserve por 25 minutos.

Adicione à tigela do fermento todos os demais ingredientes. Adicione um pouco mais de leite de soja caso a massa esteja ressecada. Dependendo do tipo de fubá (quanto à espessura), pode haver alteração na absorção de água.

Trabalhe a massa com as mãos em superfície enfarinhada até tornar-se uma massa lisa e macia.

Coloque a massa numa fôrma de pão untada, e deixe coberta com pano grosso por 30 minutos.

Preaqueça o forno a 180ºC.

Asse o pão por 1 hora, ou até estar com a superfície dourada.

PÃO RECHEADO COM MILHO E SHIITAKE

Massa

- 2 copos de farinha de trigo branca
- 2 colheres de farinha de glúten
- 1 colher de sobremesa de fermento biológico
- 1 colher de sobremesa de sal
- 6 colheres de sopa de óleo
- 1 copo de água morna
- 4 colheres de sopa de água fria
- 1 colher de chá de orégano desidratado
- 1 colher de chá de pimenta-do-reino verde amassada com garfo

Recheio

- 3 copos de grãos de milho verde cozido
- 1 copo de *shiitake* fresco cozido no vapor
- 1 colher de chá de gengibre fresco ralado
- 1 colher de chá de alho desidratado
- 1 colher de sobremesa rasa de sal
- 3 colheres de sopa de óleo de milho

Misture numa tigela o fermento biológico com 1 colher de sopa de farinha de trigo e as 4 colheres de sopa de água. Mexa e deixe em repouso por 25 minutos.

Adicione os demais ingredientes, misture bem e vire numa superfície enfarinhada. Trabalhe a massa com as mãos até estar macia e fofa.

Coloque a massa numa tigela e deixe coberta por 30 minutos.

Para o recheio, aqueça o óleo, frite o alho e o gengibre por 5 minutos e refogue o milho e o *shiitake*. Adicione o sal, tampe a panela e deixe por 5 minutos em fogo alto. Retire a panela do fogo e reserve.

Reparta a massa em duas partes, abra-as com um rolo de madeira. Espalhe o recheio nas duas massas e enrole-as. Arrume-as em seguida numa assadeira untada e deixe descansar por 20 minutos.

Preaqueça o forno a 180ºC. Asse os pães por aproximadamente 45 minutos, ou até estarem com a parte de cima dourada.

PASTEL FRITO DE MILHO

- 1 pacote de massa para pastel já em rodelas
- 2 copos de grãos de milho verde cozidos
- 1/2 copo de tomate sem pele e sem sementes, picadinho
- 1/2 copo de azeitonas picadinhas
- 1 copo de *tofu* amassado com garfo
- 1 pitada de sal
- 1 colher de chá de orégano desidratado
- óleo para fritar os pastéis

Coloque todos os ingredientes numa vasilha, exceto a massa, misture bem e reserve.

Retire a massa de pastel da geladeira, separe-as e coloque uma colher de recheio dentro de cada uma. Feche a massa, apertando com um garfo úmido as beiradas. Cuide para não fazer nenhum furo na massa, pois ao fritar poderá ficar encharcada.

Coloque os pastéis numa travessa e deixe em geladeira por 30 minutos.

Aqueça o óleo numa frigideira e em seguida frite os pastéis. Doure dos dois lados e escorra-os em papel antes de servir.

PIZZA DE MILHO

Massa

- 2 copos de farinha de trigo branca
- 2 copos de farinha de trigo integral
- 2 colheres de sopa de água
- 1 colher de sopa de fermento biológico
- 1 colher de sobremesa de sal
- 1 colher de sopa de açúcar
- 5 colheres de sopa de óleo
- 2 copos de água morna

Recheio

- 500 g de *tofu* cortado em fatias finas
- 4 copos de milho verde cozido
- 2 copos de palmito em conserva, picado
- 8 tomates maduros cortados em fatias finas
- azeitona a gosto
- orégano a gosto
- sal a gosto
- azeite de oliva a gosto

Misture numa tigela o fermento com 1 colher de sobremesa de farinha de trigo e 2 colheres de sopa de água em temperatura ambiente. Mexa bem e deixe em repouso por 10 minutos.

Adicione então os demais ingredientes da massa, misture bem e vire numa superfície lisa e enfarinhada. Trabalhe com as mãos até obter uma massa lisa e macia. Coloque dentro de uma vasilha untada e espere crescer por 30 minutos.

Acenda o forno e deixe em 200°C.

Corte a massa em duas partes e abra-as com rolo de madeira.

Coloque cada disco de massa numa assadeira redonda, própria para pizza, untadas. Deixe em repouso por 15 minutos.

Asse as massas por 20 minutos.

Retire do forno, espalhe em cada uma metade das rodelas de tomate, em seguida metade das fatias de *tofu*, 2 copos de milho, 1 copo de palmito, azeitona, orégano e sal a gosto.

Regue as pizzas com azeite de oliva e asse-as por mais 30 minutos.

POLENTA COM CARNE DE GLÚTEN

Glúten
- 1 kg de farinha de trigo integral
- 3 copos cheios de água

Refogado de Glúten
- 3 dentes de alho espremidos
- 3 colheres de sopa de salsa fresca picada
- 3 colheres de sopa de azeite de oliva
- 1 colher de sopa de sumo de limão
- 1 colher de chá de sal
- 3 colheres de sopa de vinho branco
- 1 copo de molho de tomate quente

Polenta
- 1 copo de fubá precozido (o que torna o preparo mais rápido)
- 5 copos de água
- 1 colher de sobremesa de sal
- 1 colher de sopa de margarina ou azeite de oliva

Primeiro prepare o glúten, misturando a água à farinha. Trabalhe a massa com as mãos, em mesa enfarinhada, até estar homogênea e lisa. Faça uma bola com a massa e coloque-a numa vasilha, cobrindo com água.

Deixe a massa de molho por 2 horas e então lave-a em água corrente até que a água deixe de sair esbranquiçada. Com este processo, todo o amido estará saindo e restará somente a proteína do trigo.

Após a obtenção do glúten, corte-o em quadradinhos e reserve.

Aqueça o azeite numa panela, doure o alho, adicione a salsa, os quadradinhos de glúten, o sal, o limão e o vinho. Refogue por 15 minutos. Retire do fogo e reserve.

Separadamente, misture o fubá com a água e o sal e leve ao fogo, sempre mexendo, até aparecer o fundo da panela. Vire numa travessa redonda untada com a margarina ou azeite. Deixe esfriar por 30 minutos antes de desenformar.

Corte a polenta em 4 partes, formando 4 fatias, e frite cada uma na margarina.

Sirva colocando uma fatia de polenta, carne de glúten por cima e uma concha pequena de molho de tomate.

POLENTA COM LEGUMES

Polenta
- 1 copo de fubá
- 1 copo de pimentão verde picado
- 1/2 copo de salsão picado
- 5 copos de água à temperatura ambiente
- 1 colher de sobremesa rasa de sal
- 2 colheres de sopa de *shoyo*
- 1/2 copo de castanha-do-pará picada

Legumes
- 1 copo de aspargo cru descascado e picado
- 1 copo de raminhos de couve-flor
- 1/2 copo de cenoura ralada
- 1/2 copo de bardana crua picadinha
- 1/2 copo de talo de aipo picadinho
- 1 copo de temperos verdes picados
- 1/2 colher de sobremesa de sal
- 1 colher de sobremesa de caldo de vegetais em pó
- 2 colheres de sopa de azeite de oliva
- 1 colher de sopa de araruta
- 1/3 de copo de água

Misture numa panela (se possível de ferro) o fubá com a água e o sal. Adicione os demais ingredientes da polenta. Mexa e leve ao fogo alto até ferver e começar a engrossar. Deixe então em fogo baixo, semitampada, e mexa a cada 5 minutos. Assim que estiver soltando do fundo da panela, retire do fogo e vire numa fôrma refratária grande, pois ainda receberá o molho de legumes. Reserve.

Numa panela larga, coloque o azeite de oliva, refogue os temperos verdes e adicione os demais ingredientes, exceto a araruta e a água, mexendo sempre com colher de pau. Tampe a panela e deixe por aproximadamente 12 minutos, ou até os legumes estarem macios. Dilua então a araruta na água fria e vire na panela dos legumes. Mexa com colher de pau em fogo alto por alguns minutos até obter uma mistura homogênea. Retire a panela do fogo e cubra a polenta com os legumes. Cubra a travessa com papel-alumínio e asse por 15 minutos em forno com temperatura alta. Sirva em seguida.

POLENTA TRADICIONAL

- 2 copos de fubá
- 10 copos de água à temperatura ambiente
- 1 colher de sopa de sal

Misture numa panela (se possível de ferro) o fubá com a água e o sal.

Leve ao fogo alto até ferver e começar a engrossar, mexendo de vez em quando.

Baixe o fogo, deixe a panela semitampada e mexa a cada 5 minutos.

Assim que estiver soltando do fundo da panela, retire do fogo e vire numa travessa.

PUDIM DE MILHO VERDE

- 4 espigas de milho verde bem maduro
- 2 copos de água
- 1 colher de sobremesa rasa de sal
- 1/2 xícara de temperos verdes picados
- 1 copo de cenoura picada em quadradinhos
- 1/2 copo de azeitonas picadas

Rale as espigas de milho e em seguida passe tudo por uma peneira. Coloque numa panela, adicione os demais ingredientes, misture bem e leve ao fogo moderado até estar bem consistente, aparecendo o fundo da panela.

Vire a massa numa fôrma de pudim e espere estar morno para então desenformar e servir.

RISOTO DE MILHO

- 1 copo de arroz do tipo tailandês, aromatizado
- 4 copos de grãos de milho crus
- 3 cebolas roxas cortadas em rodelas finas
- 1/2 xícara de alho-poró picado
- 1/2 copo de coentro fresco picado
- 1/2 copo de azeitonas picadas
- 1 colher de sobremesa de sal
- 2 copos de água fervente
- 1 colher de sobremesa de caldo de vegetais
- 1/2 copo de uva-passa sem sementes
- 1/3 de copo de castanha de caju picadinha
- 2 colheres de sopa de óleo

Lave o arroz numa bacia com água, trocando-a três vezes. A água deve sair límpida ao lavar os grãos pela terceira vez.

Aqueça o óleo em fogo alto e frite as cebolas até estarem macias. Adicione o alho-poró e frite por mais 5 minutos.

Adicione à panela o milho, o coentro, a azeitona e o sal e mexa por 10 minutos, ainda em fogo alto.

Coloque as passas, as castanhas e o caldo de vegetais em pó e dê uma leve misturada.

Por cima coloque o arroz, sem misturá-lo ao refogado, e então a água fervente.

Mantenha o fogo alto e a panela semitampada, até o arroz estar seco.

Deixe a panela tampada por aproximadamente 5 minutos antes de retirar o arroz, arrumá-lo numa travessa e servir.

SALADA DE TOMATE RECHEADO COM MILHO

- 4 tomates grandes e maduros
- 2 copos de grãos de milho verde cozidos
- 1 copo de *tofu* amassado
- 1/2 copo de cenoura finamente ralada
- 1 colher de café de alho espremido
- 1 colher de chá de sal
- 2 colheres de sopa de vinagre
- 2 colheres de sopa de azeite de oliva
- 1 pé de alface roxa (4 estações)
- 1 pé de alface americana
- 1 colher de chá de orégano
- 4 raminhos de salsa crespa fresca

Bata no liquidificador metade do milho com metade do *tofu,* o vinagre, o azeite de oliva e vire numa vasilha.

Adicione a cenoura ralada, o restante do milho, o alho, o sal e misture bem.

Corte uma fatia fina do fundo dos tomates para que se firmem em pé.

Abra uma tampa maior na parte superior.

Retire parte da polpa do tomate com uma colherzinha e guarde para usar em molhos e sopas. Recheie os tomates com o creme preparado.

Forre 4 pratinhos de sobremesa com as folhas de alface e sobre elas coloque em cada prato um tomate recheado.

Distribua sobre eles o orégano e decore cada um com o raminho de salsa crespa.

Sirva como entrada ou lanches, acompanhados de pãozinho fresco.

SANDUÍCHE DE POLENTA

Polenta
- 1 copo de fubá
- 5 copos de água
- 1 colher de chá de semente de endro
- 1 colher de sobremesa rasa de sal

Sanduíche
- 1 copo de tomate seco temperado
- 4 fatias de *tofu*
- 8 folhas de alface
- 4 hambúrgueres vegetais

Molho
- 2 colheres de sopa de *tahine*
- 1 copo de temperos verdes picados
- 1 colher de café de sal
- 1 colher de chá de missô

Misture numa panela (se possível de ferro) o fubá com a água e o sal.

Leve ao fogo alto até ferver e começar a engrossar.

Deixe então em fogo baixo, semitampada, e mexa a cada 5 minutos.

Assim que estiver soltando do fundo da panela, retire do fogo e vire a polenta numa fôrma de pão pequena. Aguarde umas 2 horas para preparar o sanduíche, até que a polenta esfrie e endureça enformada.

Separadamente, misture todos os ingredientes do molho e reserve.

Desenforme a polenta e corte-a em fatias.

Numa frigideira, ou chapa, frite os hambúrgueres. Separe 4 fatias de polenta e sobre cada uma coloque um hambúrguer ainda quentinho. Em seguida 1/4 do tomate seco, 1 fatia de *tofu* e 2 folhas de alface. Regue com o molho e feche com outra fatia de polenta. Proceda assim com os demais sanduíches e sirva em seguida, em pratos individuais.

SOPA CREMOSA DE MILHO

- 3 copos de grãos de milho verde recém-tirados da espiga
- 1 cebola roxa cortada em rodelas finas
- 1/2 copo de alho-poró picado
- 1/2 copo de salsa fresca picada
- 1 copo de tomate vermelho, descascado e bem picado
- 3 colheres de sopa de óleo de milho (pode-se usar margarina vegetal)
- 1 colher de sobremesa de sal
- 2 copos de leite de soja quente
- 3 copos de água quente
- 1 colher de sopa rasa de caldo de vegetais em pó
- 2 colheres de sopa de farinha de trigo branca
- pimenta-do-reino moída na hora a gosto

Numa panela larga, aqueça o óleo.

Doure a cebola, adicione o alho-poró e a salsa. Mexa com colher de pau por 5 minutos e em seguida coloque o milho e o tomate. Deixe refogar por 10 minutos.

Coloque a farinha de trigo e deixe por 5 minutos sem parar de mexer. Bata no liquidificador toda a mistura da panela com o leite de soja. Volte à panela e adicione o caldo de vegetais, o sal e a água quente. Mantenha o fogo baixo por 25 minutos e sirva a sopa em seguida, com pimenta-do-reino moída na hora a gosto.

SOPA DELICIOSA DE MILHO, BATATA E TOFU

- 4 espigas de milho verde raladas (escolha as mais maduras)
- 1 copo de batata descascada e picadinha
- 1 copo de cubos de *tofu*
- 2 cebolas cortadas em rodelas finas
- 1/4 de copo de aipo picado
- 1 colher de sopa de farinha de trigo branca
- 1 litro de água quente
- 1 copo de leite de soja
- 1 colher de sobremesa de caldo de vegetais em pó
- 4 colheres de sopa de coentro fresco picado
- 10 folhas frescas de manjericão roxo
- 1 colher de chá de páprica doce
- 1 colher de chá de pimenta-do-reino moída na hora
- 4 colheres de sopa de margarina

Derreta a margarina numa panela e doure a cebola e o aipo. Adicione o coentro e o manjericão e refogue por mais 5 minutos.

Coloque a farinha de trigo e deixe-a dourar por 5 minutos. Adicione então o leite de soja e mexa constantemente até levantar fervura. Junte o caldo de vegetais em pó, a água, a páprica e a pimenta-do-reino. Assim que levantar fervura novamente, adicione o milho, a batata e o *tofu*.

Mantenha o fogo brando e a panela semitampada por 40 minutos. Mexa a cada 5 minutos.

Sirva a sopa quente, acompanhada de *croûtons*, torradinhas ou mesmo pão fresco.

TORTA FOLHADA DE MILHO E PALMITO

- 1 pacote de massa folhada
- 2 copos de grãos de milho verde cozidos
- 1 copo de palmito picado
- 2 tomates pelados e sem sementes
- 1/2 copo de coentro fresco picado
- 5 folhas de manjericão fresco picadas
- 1/4 de copo de azeitonas chilenas picadas
- 1 colher de sopa de farinha de trigo branca
- 2 colheres de sopa de óleo
- 1 copo de leite de soja
- 1 colher de chá de sal
- 1 colher de sobremesa de pimenta-do-reino verde amassada com garfo

Retire a massa do congelador e deixe-a reservada.

Aqueça o óleo, frite o coentro, o manjericão e a azeitona, por 5 minutos.

Adicione o milho, o palmito, o tomate, o sal e a pimenta-do-reino amassada.

Deixe a panela tampada por 10 minutos.

Dilua a farinha de trigo no leite de soja e junte à panela. Mexa por mais 5 minutos e retire a panela do fogo. Vire o recheio numa vasilha e aguarde que esfrie.

Corte a massa em três partes e abra-as com rolo de madeira.

Com uma parte da massa, forre uma fôrma de fundo removível, untada. Sobre ela, coloque metade do recheio e por cima outra camada de massa. Vire o restante do recheio e por fim cubra com a última parte de massa.

Leve a torta à geladeira, deixando por 30 minutos.

Preaqueça o forno a 180°C.

Retire a torta da geladeira e leve-a diretamente ao forno quente. Asse por 40 minutos, ou até a massa estar dourada e crocante.

Sirva a torta quente, ou mesmo fria, com saladas.

Pratos Doces

BOLACHAS CROCANTES

- 1 e 1/2 copo de fubá
- 1 copo de farinha de trigo
- 1 colher de chá de sal
- 5 colheres de sopa de óleo
- 1 copo de água

Preaqueça o forno a 180°C.

Coloque numa vasilha o fubá, a farinha de trigo e o sal. Adicione a água e o óleo e misture bem.

Vire a massa numa superfície enfarinhada e trabalhe-a com as mãos até estar macia.

Abra a massa com um rolo de madeira, deixando-a o mais fino possível.

Corte as bolachas com forminhas, ou com a boca de um copo, e arrume-as numa assadeira untada. Faça furos em cada uma com um palito ou mesmo um garfo.

Asse por 35 minutos, ou até estarem douradas.

Retire a assadeira do forno e, quando as bolachas esfriarem, conserve-as em pote bem vedado para permanecerem crocantes.

BOLINHO DE CHUVA COM MILHO

- 1/2 latinha de milho em conserva
- 1 copo mal cheio de leite de soja
- 1 colher de sopa de açúcar
- 1 pitada de sal
- 1 copo de farinha de trigo branca
- 1 colher de sobremesa cheia de fermento químico em pó
- 2 colheres de sopa de açúcar refinado
- 1 colher de sopa de canela em pó
- óleo para fritar

Bata no liquidificador o milho com o leite de soja, o açúcar e o sal. Adicione a farinha de trigo até a massa estar bem cremosa e em seguida adicione o fermento. Vire a massa numa tigela.

Coloque bastante óleo numa frigideira e leve ao fogo alto. Quando estiver quente, frite às colheradas. Retire os bolinhos com escumadeira, quando estiverem dourados.

Misture o açúcar refinado com a canela e polvilhe sobre os bolinhos quentes. Sirva-os em seguida.

BOLO DE MILHO E COCO

- 3 espigas grandes de milho
- 2 copos de farinha de trigo branca
- 1 colher de sobremesa de fermento químico em pó
- 1 colher de café de sal
- 3/4 de copo de açúcar
- 1/2 copo de óleo
- 1 copo de leite de soja ou leite de coco
- 1 copo de coco ralado

Retire os grãos de milho das espigas e coloque-os no liquidificador. Adicione o leite de soja (ou de coco), o óleo, o açúcar e o sal. Bata até obter um creme homogêneo.

Preaqueça o forno a 180°C.

Peneire, numa vasilha, a farinha de trigo com o fermento. Adicione coco ralado e misture bem. Junte então o creme do liquidificador e misture energicamente, ou bata em batedeira até obter uma massa lisa.

Unte uma fôrma alta, com furo central, e despeje a massa. Asse o bolo por 1 hora, e retire-o quando estiver dourado. Sirva com geléias a gosto.

BOLO DE MILHO VERDE COM COBERTURA DE CHOCOLATE

Massa

- 1 lata de milho verde em conserva
- 2 copos de farinha de trigo branca
- 1 e 1/2 copo de leite de soja
- 1 colher de sobremesa rasa de fermento químico
- 1 colher de café rasa de bicarbonato de sódio
- 1 pitada de sal
- 1/2 copo de açúcar
- 1/2 xícara de óleo

Cobertura de Chocolate

- 3 colheres de sopa cheias de margarina
- 3 colheres de sopa de chocolate em pó sem leite
- 1 copo de açúcar mascavo
- 1 copo de leite de soja

Preaqueça o forno a 180°C.

Peneire todos os ingredientes secos da massa numa vasilha e reserve. Bata no liquidificador todos os ingredientes líquidos da massa e vá adicionando os secos peneirados anteriormente, aos poucos.

Vire a massa numa fôrma própria para bolos, untada, e asse por 50 minutos, ou até o interior estar seco e o bolo dourado.

Para a calda, misture todos os ingredientes numa panela e leve-a ao fogo baixo por 35 minutos, mexendo com colher de pau até obter uma calda cremosa.

Ao retirar o bolo do forno, cubra-o com a calda e sirva-o em seguida.

BOLO FÁCIL DE FUBÁ

- 1 copo de fubá
- 1 copo de farinha de trigo branca
- 1 colher de chá de sal
- 1/2 copo de açúcar
- 1/3 de copo de óleo
- 2 colheres de sopa de sementes de erva-doce
- 4 copos de leite de soja
- 1/2 colher de sopa de fermento químico
- 1 colher de chá de bicarbonato de sódio

Preaqueça o forno a 180ºC.

Coloque no copo do liquidificador o leite de soja, o sal, o açúcar e o óleo e bata.

Adicione aos poucos o fubá, a farinha de trigo e as sementes de erva-doce. Assim que estiver uma massa homogênea adicione o fermento e o bicarbonato de sódio.

Vire a massa numa assadeira untada e leve ao forno, assando por 45 minutos, aproximadamente, ou até estar dourado.

Sirva o bolo cortado em quadradinhos e com geléia a gosto.

CANJICA

- 250 g de milho de canjica
- 2 copos de leite de coco
- 1 copo de coco ralado
- 2 copos de leite de soja
- 2 cravos-da-índia
- 1/2 copo de açúcar
- 1/2 colher de café de sal
- canela em pó a gosto

Deixe os grãos de milho de canjica de molho por uma noite.

Cozinhe-os então com bastante água, em panela de pressão, por 30 minutos. Escorra a água, adicione os demais ingredientes e mantenha em fogo baixo por 35 minutos, mexendo de vez em quando.

Sirva a canjica quente ou gelada, com canela em pó a gosto.

CURAU

- 6 espigas de milho
- 4 copos de leite de soja
- 1 copo de açúcar
- canela em pó a gosto

Rale as espigas de milho e passe por um pano, para extrair todo o caldo do milho.

Numa panela, misture o caldo de milho com o leite de soja e o açúcar. Leve ao fogo alto, sempre mexendo com colher de pau.

Assim que estiver bem consistente, aparecendo de leve o fundo da panela, retire do fogo e disponha em tacinhas individuais.

Polvilhe-as com canela em pó e cubra-as com filme plástico para não formar nata. Depois de frio, leve as taças à geladeira até o momento de servir.

GRANOLA FÁCIL COM FLOCOS DE MILHO

- 2 copos de flocos de milho
- 1 copo de flocos de arroz laminado
- 1 copo de flocos de aveia
- 1 copo de açúcar mascavo
- 1 copo de castanha-do-pará picada
- 1 pitada de sal
- 4 colheres de uva passa

Misture bem todos os ingredientes, exceto as passas, e espalhe por uma assadeira. Leve ao forno médio e deixe por 35 minutos. Mexa a cada 5 minutos, com colher de pau.

Retire do forno, adicione as passas e aguarde esfriar para acondicionar. Sirva sobre doces, iogurtes, frutas, sorvete etc.

MASSA PARA WAFFLE DE FUBÁ

- 1/2 copo de fubá do tipo mimoso
- 1 copo de farinha de trigo branca
- 1 colher de fermento químico
- 1 pitada de sal
- 4 colheres de sopa de óleo
- 2 copos de água ou leite de soja
- margarina a gosto
- geléia a gosto para servir com o *waffle*

Bata todos os ingredientes no liquidificador, deixando por último o fermento químico. Aqueça bem o aparelho próprio para *waffles* e despeje aproximadamente 1 concha de massa por vez. Espere assar e sirva os *waffles* ainda quentes, com margarina e geléias a gosto, ou com uma bola de sorvete sobre cada um.

PAMONHA DOCE

- 20 espigas de milho verde bem maduras
- 5 colheres de sopa de margarina
- 1 pitada de sal
- 1 copo de açúcar

Retire os grãos das espigas de milho e em seguida passe-os por uma máquina de moer.

Coe e adicione o açúcar, a margarina e o sal.

Amasse, dando forma às pamonhas, com as palmas das mãos e embrulhe cada uma na própria palha do milho, costurando ou amarrando com um barbante.

Encha uma panela grande com água e leve ao fogo alto. Quando iniciar a fervura, adicione as pamonhas e cozinhe-as por 30 minutos aproximadamente. Retire do fogo e sirva-as quentes, ainda embrulhadas.

PANETTONE

- 5 copos de farinha de trigo branca
- 1 copo de fubá
- 6 copos de leite de soja
- 2 colheres de sobremesa de fermento biológico
- 2 colheres de sopa de farinha de trigo
- 7 colheres de sopa de água
- 1 colher de sobremesa de sal
- 1 copo de açúcar
- 2/3 de xícara de óleo
- 1/2 xícara de frutas cristalizadas
- 1/2 xícara de uva passa
- 1/3 de xícara de figo seco picado
- 1 colher de sobremesa rasa de essência de panettone
- 1 colher de sopa de casca de laranja ralada

Misture o fermento com as 2 colheres de farinha e as 7 colheres de água. Misture até formar um mingau e deixe crescer por 20 minutos.

Adicione a farinha de trigo, o fubá, o açúcar, o óleo, o sal, o leite de soja, as frutas cristalizadas, a uva passa, o figo seco picado em pedaços pequenos, a essência de panettone e a casca de laranja ralada.

Vire a massa numa superfície lisa e enfarinhada e trabalhe-a com as mãos até que ela esteja bem macia.

Divida a massa em duas porções e forme pães grandes.

Arrume em fôrmas de pão untadas ou, se preferir, faça uma bola e coloque numa assadeira untada, formando assim um pão redondo.

Cubra a massa e deixe crescer por 40 minutos.

Preaqueça o forno a 180°C e então coloque os pães para assar, por aproximadamente uma hora e meia, ou até estarem dourados.

Retire os pães das fôrmas e deixe-os esfriar por uns 30 minutos antes de servi-los puros ou com geléias a gosto.

PÃO DOCE COM FARINHA DE MILHO PRECOZIDA

- 6 copos de farinha de trigo branca
- 2 copos de farinha de milho precozida
- 6 copos de água
- 2 colheres de sobremesa de fermento biológico (20 g)
- 2 colheres de sopa de farinha de trigo
- 7 colheres de sopa de água
- 1 colher de sobremesa de sal
- 2 colheres de sopa de sementes de erva-doce
- 2 copos de açúcar
- 6 colheres de sopa de leite de soja em pó
- 2/3 de xícara de óleo

Misture a farinha de milho com os 6 copos de água e leve ao fogo alto, sempre mexendo com colher de pau, até estar bem grosso.

Retire a panela do fogo e vire o creme de milho numa vasilha.

Em outra tigela, misture o fermento com as 2 colheres de farinha e as 7 colheres de água. Misture até formar um mingau e deixe crescer por 20 minutos.

Adicione ao creme de milho o açúcar, o óleo, o sal, o leite em pó e as sementes de erva-doce.

Assim que o creme estiver morno, vire na tigela do fermento, adicionando a farinha de trigo.

Vire a massa numa superfície lisa e enfarinhada e trabalhe-a com as mãos até que ela esteja bem macia.

Divida a massa em duas porções e forme pães grandes. Arrume em fôrmas de pão untadas ou, se preferir, faça uma bola e coloque numa assadeira untada, formando assim um pão redondo.

Cubra a massa e deixe crescer por 40 minutos.

Preaqueça o forno a 180°C e então coloque os pães para assar, por aproximadamente uma hora e meia, ou até estarem dourados.

Retire os pães das fôrmas e deixe-os esfriar por uns 30 minutos antes de servi-los puros ou com geléias a gosto.

PÃOZINHO DOCE PERFUMADO

- 1/2 kg de farinha de trigo branca
- 1 colher de germe de trigo
- 1 e 1/2 colher de sobremesa de fermento biológico
- 3 colheres de sopa de água em temperatura ambiente
- 1 colher de chá de sal
- 5 colheres de sopa de óleo
- 1 copo de leite de soja morno
- 2 copos de grãos de milho verde cozidos
- 5 colheres de sopa de açúcar demerara
- 1 colher de chá de sementes de erva-doce
- 1 colher de sopa de casca de laranja ralada
- 1/2 copo de uva passa sem sementes
- 1/3 de copo de banana passa picadinha

Numa tigela, misture o fermento biológico, 1 colher de sobremesa de farinha de trigo e a água. Mexa bem até ficar uma mistura homogênea. Reserve por 25 minutos.

Bata no liquidificador o milho verde com o leite de soja.

Adicione então à tigela do fermento todos os ingredientes da massa, inclusive o milho batido. Mexa bem com uma colher de pau comprida.

Vire a massa em superfície enfarinhada e trabalhe-a com as mãos até torná-la lisa e macia.

Forme pãezinhos e arrume-os numa travessa ou fôrma refratária, untada. Não deixe muita distância entre eles, pois ao crescerem deverão encostar uns aos outros para que as laterais não torrem.

Cubra com uma toalha grande e mantenha em local protegido, por 40 minutos.

Preaqueça o forno a 180°C.

Asse os pães por 45 minutos, ou até estarem com a superfície dourada.

Sirva-os ainda quentinhos para acompanhar chás e cafés.

PIPOCA DOCE

- 1 copo de milho para pipoca
- 2 colheres de sopa de óleo de milho
- 1 copo de açúcar mascavo
- 4 colheres de sopa de margarina
- 1 pitada de sal

Coloque o óleo numa panela e leve-a ao fogo alto. Adicione o milho de pipoca, mexa com uma colher de pau e mantenha a panela tampada. Assim que terminarem os estouros, retire a pipoca da panela e coloque-a numa vasilha. Salpique sal e reserve.

Derreta a margarina numa panela e em seguida adicione o açúcar mascavo. Mexa sempre com colher de pau, em fogo baixo, até o açúcar começar a caramelizar.

Regue as pipocas estouradas com o caramelo obtido e misture delicadamente. Sirva em seguida.

PUDIM DE MILHO E COCO COM CALDA DE AMEIXAS

Pudim

- 4 espigas de milho
- 1 copo de água
- 1 copo cheio de leite de coco
- 1 copo de coco ralado
- 1 copo de açúcar

Calda

- 1 copo de açúcar mascavo
- 1 e 1/2 copo de chá preto forte preparado (ainda quente)
- 1 copo de ameixas secas sem os caroços, picadas

Retire os grãos das espigas, bata-os no liquidificador com a água e em seguida peneire. Reserve o caldo obtido.

Numa panela, misture o leite de coco com o açúcar e leve ao fogo alto por 30 minutos, sempre mexendo com colher de pau.

Adicione à panela o caldo do milho e o coco ralado. Mantenha o fogo moderado, por mais 20 minutos, até estar consistente.

Vire o creme numa fôrma de pudim, molhada com água fria. Aguarde esfriar para então levá-lo à geladeira por 3 horas, no mínimo.

Prepare o chá, deixando-o bem escuro. Coloque-o numa panela, junte o açúcar e as ameixas picadas. Leve a panela ao fogo alto, mexendo com colher de pau, até estar uma calda cremosa.

Retire a panela do fogo e transfira a calda para uma vasilha. Deixe reservado.

Assim que o pudim estiver gelado, desenforme-o e regue com a calda. Sirva em seguida.

SORVETE DE MILHO VERDE

- 4 copos de grãos de milho verde fresco retirados da espiga
- 4 copos de leite de soja
- 4 colheres de sopa cheias de gordura vegetal hidrogenada
- 2 copos de açúcar demerara
- 1/2 copo de noz-pecã picadinha

Bata os grãos de milho crus com o leite de soja, passe por um pano e esprema bem para extrair todo o caldo do milho (o bagaço poderá ser usado em croquetes).

Leve então ao fogo, junto com o açúcar. Mantenha em fogo moderado até cozinhar e obter um creme. Retire a panela do fogo e aguarde esfriar.

Bata numa sorveteira (ou no liquidificador) o creme de milho com a gordura vegetal. Misture delicadamente as nozes. Leve ao *freezer* por 2 horas. Bata novamente e volte ao *freezer* por mais 5 horas.

SORVETE DE MILHO VERDE E COCO

- 4 copos de grãos de milho verde fresco retirados da espiga
- 4 copos de leite de coco
- 4 colheres de sopa cheias de gordura vegetal hidrogenada
- 2 copos de açúcar demerara
- 1/2 copo de coco ralado
- 1/2 copo de uva passa deixada de molho no rum por meia hora

Bata os grãos de milho crus com o leite de coco, passe por um pano e esprema bem para extrair todo o caldo do milho (o bagaço poderá ser usado em croquetes).

Leve então ao fogo, junto com o açúcar. Mantenha em fogo moderado até cozinhar e obter um creme. Retire a panela do fogo e aguarde esfriar.

Bata numa sorveteira (ou no liquidificador) o creme de milho com a gordura vegetal. Misture delicadamente o coco ralado e a uva passa.

Leve ao *freezer* por 2 horas. Bata novamente e volte ao *freezer* por mais 5 horas.

Coleção Cozinha Vegetariana

Caroline Bergerot

(Sefira)

Outras obras de
Caroline Bergerot
(Sefira)

Freqüentemente escutamos "não coma isto, não coma aquilo, não coma açúcar, evite gorduras!", mas poucas vezes escutamos o que comer, vez ou outra na forma de "dietas" milagrosas, talvez. Eu prefiro uma abordagem mais positiva e duradoura. Eu gosto de ouvir de pessoas especializadas em alimentação saudável sobre o que comer ao invés de apenas o que não comer. E é isto que Caroline Bergerot (Sefira) vem fazendo em seu trabalho desde a publicação de seu primeiro livro Cozinha Vegetariana, que se tornou um best-seller com todo mérito.

Dr. George Guimarães